Moses Amweelo

Segurança rodoviária na Namíbia

Moses Amweelo

Segurança rodoviária na Namíbia

Acidentes rodoviários em foco

ScienciaScripts

Imprint
Any brand names and product names mentioned in this book are subject to trademark, brand or patent protection and are trademarks or registered trademarks of their respective holders. The use of brand names, product names, common names, trade names, product descriptions etc. even without a particular marking in this work is in no way to be construed to mean that such names may be regarded as unrestricted in respect of trademark and brand protection legislation and could thus be used by anyone.

Cover image: www.ingimage.com

This book is a translation from the original published under ISBN 978-620-2-31333-9.

Publisher:
Sciencia Scripts
is a trademark of
Dodo Books Indian Ocean Ltd. and OmniScriptum S.R.L publishing group

120 High Road, East Finchley, London, N2 9ED, United Kingdom
Str. Armeneasca 28/1, office 1, Chisinau MD-2012, Republic of Moldova, Europe
Printed at: see last page
ISBN: 978-620-7-97536-5

Índice

Capítulo 1 6

Capítulo 2 11

Capítulo 3 13

Capítulo 4 35

Capítulo 5 37

Resumo

Este documento aborda os acidentes de viação na Namíbia. A ocorrência de acidentes rodoviários e as mortes e ferimentos resultantes são uma grande preocupação para o governo da República da Namíbia. Este facto é confirmado pela taxa de colisão de veículos disponível (Quadro 4) e pelas estatísticas de sobrecarga, bem como por estudos independentes da polícia municipal e da polícia de trânsito da Namíbia (Relatório sobre a segurança rodoviária na Namíbia, 1995). O documento também discute a nova lei de tráfego e transporte rodoviário, que está prevista para ser implementada no decorrer dos anos actuais/próximos anos. Esta lei melhorará o controlo da inspeção técnica e do registo dos veículos, o licenciamento dos condutores, as regras de trânsito e a aplicação da legislação rodoviária. O chamado "fator humano" desempenha um papel na maioria dos acidentes de viação (Quadro 2-8). A psicologia cognitiva fornece informações mais pormenorizadas sobre os factores humanos. Explica conceitos e princípios teóricos sobre o funcionamento da mente (K.L. Saarela, 1991). Também já foi dito que os automóveis não causam acidentes, mas sim as pessoas. Por esta razão, uma abordagem "técnica" e "legal" por si só não é considerada suficiente para melhorar a situação da segurança do tráfego rodoviário na Namíbia. São necessárias acções adicionais dirigidas à investigação aplicada, à educação do público e, em geral, à criação de uma ética de segurança rodoviária.

Palavras-chave: Acidentes rodoviários, estatísticas de sobrecarga, lei do tráfego e dos transportes, fator humano, policiamento de trânsito, causa comum dos acidentes e abordagem integrada.

Agradecimentos

A produção deste trabalho foi possível graças à enorme ajuda de várias pessoas pacientes, cooperantes e dedicadas, instituições às quais estou gratamente grato. A todos, portanto, estendo a minha sincera gratidão, uma vez que beneficiei imenso com o seu trabalho. Neste contexto, gostaria de começar por expressar os meus sinceros agradecimentos e apreço ao Professor Frank P.L. Kavishe, Reitor Fundador (Faculdade de Engenharia e Tecnologia da Informação, Universidade da Namíbia), pelos seus conselhos e comentários construtivos durante a preparação deste documento.

Professor Edet F. Archibong Editor Associado ISTJN Chemistry and Biochemistry University of Namibia pelo seu apoio a este trabalho, fornecendo comentários e editando a linguagem de grande parte do manuscrito.

Sra. Jane Katjavivi, Editora: University of Namibia Press pela sua gentileza e tempo valioso gasto a discutir a segurança rodoviária básica.

Os meus agradecimentos vão para o meu colega, Sr. Vincent Sasele (Divisão: Inspeção do Tráfego Rodoviário e dos Transportes), que contribuiu de forma significativa para tornar possível este trabalho e serviu de apoio na obtenção dos materiais relevantes.

Gostaria também de agradecer à Sra. Lavinia (MVA, Fundo), que me forneceu uma grande quantidade de informações sobre o tema dos acidentes de viação e das despesas relativas aos pedidos de indemnização dos prestadores de serviços médicos.

A minha sincera gratidão a todas as organizações, governos e pessoas, demasiadas para serem mencionadas aqui, que me deram conselhos, materiais e encorajamento.

Acima de tudo, gostaria de agradecer ao Grande Mestre do Céu, que me deu vida e força para levar este trabalho a bom porto.

Introdução

A segurança do tráfego rodoviário é uma questão multidisciplinar complexa. É amplamente aceite, e confirmado pela análise das estatísticas de acidentes, que o chamado "fator humano" é responsável pela maioria dos acidentes rodoviários. Na Namíbia, a situação do tráfego rodoviário é motivo de grande preocupação. Seria razoável concluir que, para melhorar a situação da segurança do tráfego rodoviário na Namíbia, terá de ser dada uma atenção considerável ao "fator humano". (Relatório sobre a Segurança do Tráfego Rodoviário na Namíbia, 1995). A nova lei sobre o tráfego rodoviário e os transportes prevê uma série de alterações para melhorar a segurança do tráfego rodoviário. Consolida a lei sobre o tráfego rodoviário de 1967 e, após a sua revogação, as restantes disposições da lei sobre os transportes rodoviários de 1977. A nova lei constitui o principal instrumento para regulamentar o transporte rodoviário e o tráfego rodoviário em conformidade com as políticas aprovadas no âmbito da política de transportes e para a aplicação da lei neste domínio. A lei aborda, entre outros aspectos, os acidentes de viação, questões como o controlo técnico dos veículos a motor, o registo dos veículos a motor, o exame e a autorização dos condutores, a autorização dos instrutores de condução, o controlo das sobrecargas, a regulamentação do tráfego rodoviário e as regras de trânsito (Relatório sobre a segurança do tráfego rodoviário na Namíbia, 1995). No entanto, a lei acima referida não se concentra principalmente nos "factores humanos". A Lei de Segurança Rodoviária Nacional, 1972, que trata dos aspectos da segurança do tráfego rodoviário não abrangidos pela Lei de Tráfego e Transporte Rodoviário, deve ser vista como a legislação aplicável a este último aspeto. A lei da segurança rodoviária nacional centra-se nas actividades destinadas a educar os utentes da estrada e o público em geral e a mudar a atitude das pessoas em relação à segurança do tráfego rodoviário. A este respeito, difere, mas é complementar, do enfoque mais "técnico e jurídico" da lei relativa ao tráfego e aos transportes rodoviários. De acordo com a psicologia cognitiva, os factores humanos e a aprendizagem podem ser considerados como um processo cognitivo em que a associação entre nós (um termo que representa pensamentos) é reforçada. As pessoas aprendem sequências significativas de comportamento. No processo de aprendizagem, as pessoas desenvolvem modelos cognitivos do mundo e das suas próprias acções. Com a ajuda da estrutura da memória, é-nos possível, por exemplo, fazer um passeio mental de um lugar para outro (Engestrom, 1982; Wickelgren, 1979). É importante que os modelos mentais que os trabalhadores formam sobre o trabalho seguro sejam corretos.

A tendência atual dos estudos sobre a sinistralidade rodoviária (Girard, 1994) remete para os trabalhos realizados nos anos 70 sobre os mecanismos de controlo dos acidentes (Fell, 1979; Treat et al., 1979) e exige uma reorientação desses resultados em função dos progressos dos conhecimentos sobre o funcionamento dos condutores. Esta tendência exige a criação de uma grelha de referência abrangente para as falhas funcionais humanas, através da qual são revelados os disfuncionamentos da segurança rodoviária. Este tipo de grelha deveria servir para afinar as conclusões relativas ao fator humano, muitas vezes considerado incorretamente como um "fator de acidente" (P. van Elslande Classificar os "erros humanos" nos acidentes rodoviários. From Experience to Innovation: proceedings of the 13th Triennial Congress of the International Ergonomics Association, Tampere, Finlândia, 1997: 6:460). O foco da lei nacional de segurança rodoviária está nas actividades concebidas para educar os utentes da estrada e o público em geral e para mudar a atitude das pessoas em relação à segurança do tráfego rodoviário (K.L. Saarela, 1991: Report on Road Traffic Safety in Namibia, 1995).

Capítulo 1

Declaração do problema

1.1 Nível global

Os acidentes de viação são um problema grave em todo o mundo. De acordo com um estudo da Organização Mundial de Saúde, até ao ano 2020 os acidentes rodoviários tornar-se-ão a terceira maior doença ou lesão no mundo (W. Sutton, 2000: apresentação na Conferência sobre Segurança Rodoviária, Accra Gana, 19-20 de setembro de 2000). Em 1999, morreram setecentas mil pessoas (700 000) e 23 a 34 milhões ficaram feridas em acidentes rodoviários em todo o mundo, tendo cerca de 60% destas mortes e ferimentos ocorrido nos países em desenvolvimento. Em 2013, a OMS estimou ainda que cerca de 1,24 milhões de pessoas morrem todos os anos em acidentes rodoviários e outros 20 a 50 milhões ficam feridos em resultado de acidentes de viação. O elevado número de jovens afectados por acidentes rodoviários é motivo de grande preocupação. De acordo com a OMS, as pessoas com idades compreendidas entre os 15 e os 44 anos são responsáveis por 59% das mortes no trânsito a nível mundial (OMS, 2013). A análise da ocorrência de acidentes entre 1968 e 1990 revelou um aumento de 350% em África. Este facto compara-se desfavoravelmente com uma tendência de revisão nos países industrializados, onde se estima que a posse de automóveis por 1000 habitantes é, em média, dez vezes superior à do nosso continente. Uma análise mais aprofundada das estatísticas globais de acidentes indica que a taxa de mortalidade por veículo registado nos países africanos varia entre 8 e 50 vezes mais do que no mundo industrializado. Uma análise recente do peso global da doença, ao avaliar as alterações na ordem de classificação do peso da doença para 15 causas principais no mundo, mostra que os acidentes rodoviários, classificados em 9º lugar em 1990, serão o 3º lugar no ano 2020. Até 2020, os Ministérios da Saúde gastarão 25% dos seus orçamentos com as vítimas de acidentes rodoviários. De acordo com um relatório da Parceria Global para a Segurança Rodoviária (GRSP), só nos próximos 10 anos, cerca de 6 milhões de pessoas morrerão e mais de 60 milhões ficarão aleijadas ou feridas em resultado de acidentes rodoviários nos países em desenvolvimento, a menos que sejam tomadas medidas urgentes para resolver este problema. A Organização Mundial de Saúde (OMS) e a Federação Internacional da Cruz Vermelha e do Crescente Vermelho (FICV) identificaram especificamente os acidentes rodoviários como um importante problema de saúde pública e apelaram à adoção de medidas adequadas (M.E. Dhliway, 2000).

1.2 Nível do país

A Namíbia confronta-se com a realidade de um aumento do número de acidentes de viação, mortos e feridos. Este documento fornece uma visão estatística do âmbito dos acidentes rodoviários na Namíbia de 2010 a 2015. Registamos uma elevada taxa de acidentes por ano. As causas destes acidentes são numerosas, mas as mais proeminentes são as seguintes:

- ausência de políticas adequadas de segurança rodoviária;
- falta de um sistema eficaz e fiável de gestão da informação sobre colisões;
- ausência de estratégias coerentes de gestão da segurança do tráfego;
- falta de uma educação coerente e agressiva dos utentes da estrada;
- instalações inadequadas para peões e ciclistas;
- animais selvagens.

Os acidentes rodoviários mais comuns são causados por erros humanos, como a condução distraída, o excesso de velocidade, a condução imprudente, o excesso de confiança, a falta de formação, a sobrecarga, a ultrapassagem de sinais vermelhos, a ultrapassagem de sinais de stop, os condutores adolescentes, a condução nocturna, os defeitos de conceção, as mudanças de faixa inseguras, a condução em contramão, as curvas inadequadas, a ultrapassagem de limites, a condução sob o efeito de drogas, os buracos, a raiva na estrada, a condução sonolenta, o rebentamento de pneus, etc. A questão é saber como é que o governo pode evitar os acidentes de viação nas estradas nacionais. Uma vez que a maioria dos acidentes de viação é o resultado de vários factores, a probabilidade de acidentes pode ser reduzida de várias formas. Não há dúvida de que as actividades que se seguem evitaram o aumento de acidentes que normalmente resultaria do aumento da densidade do tráfego. Existem três abordagens principais para a prevenção de acidentes rodoviários: A educação e a formação das crianças nas escolas, por instrutores de tráfego rodoviário e professores; e dos adolescentes nos princípios da condução segura e nas boas atitudes de condução; através de cursos de reciclagem para condutores mais velhos, para lhes transmitir os princípios da condução segura e atualizar os seus conhecimentos sobre a legislação de trânsito; e através da publicidade nos jornais, na rádio, na televisão e noutros meios, para chamar a atenção de todos os utentes da estrada tanto para os perigos como para as práticas seguras na estrada. Aplicação da lei, através da adoção de leis de trânsito razoáveis e aplicáveis que, ao mesmo tempo, sejam concebidas da melhor forma para evitar acidentes, concentrando o tempo e a energia dos agentes de trânsito nas infracções, locais e horas que são frequentemente objeto de acidentes e testando minuciosamente os novos condutores para garantir que não são susceptíveis de causar acidentes. Engenharia de veículos e estradas: A engenharia de veículos, que inclui a inspeção regular de

"garantia de aptidão" para assegurar que os principais componentes do veículo são seguros; melhoria da conceção do veículo para facilitar a visão e o controlo do condutor e, assim, reduzir a probabilidade de ferimentos em caso de acidente; instalação de equipamento de segurança, como cintos de segurança. A engenharia rodoviária ou de tráfego inclui a conceção de novas estradas que sejam intrinsecamente seguras (separando fluxos de tráfego opostos, eliminando o tráfego cruzado e proporcionando bermas e faixas de rodagem largas e boa visibilidade); a melhoria das estradas existentes através do realinhamento, da melhoria da visão e da repavimentação de superfícies escorregadias; a regulação do movimento do tráfego através da instalação de sinais de trânsito, marcações rodoviárias e sinais regulamentares, como os sinais de "stop" e de "cedência de passagem"; e a assistência ao condutor através de sinais de aviso e de destino para evitar perigos e confusão.

A política de transportes menciona o facto de, numa perspetiva mundial, a Namíbia ter uma taxa de acidentes por veículo muito elevada. Se se tiver em conta que a Namíbia possui, em geral, uma rede rodoviária de excelente conceção e relativamente bem conservada e uma densidade de tráfego muito baixa, esta afirmação assume um significado ainda maior no que diz respeito ao chamado "fator humano" e ao desempenho dos utentes da estrada namibianos. A elevada qualidade das estradas urbanas e rurais do país e as longas distâncias entre as áreas urbanas, caracterizadas por longos troços ininterruptos de estradas rectas, são apenas alguns dos factores que contribuem para a elevada taxa de colisão do país, que tem vindo a aumentar nos últimos anos.

1.3Sobrecarga

A Namíbia está a registar um custo elevado na manutenção das estradas devido ao excesso de carga dos camiões pesados. Existem dados disponíveis sobre o excesso de carga, o que também indica uma situação alarmante. De acordo com um inquérito de 1993-94, 56% dos veículos pesados envolvidos no transporte rodoviário transfronteiriço entre a Namíbia e a África do Sul estavam sobrecarregados numa percentagem média de 14%. O custo dos danos causados à rede rodoviária namibiana devido à sobrecarga é enorme, uma vez que os danos causados pela sobrecarga são uma função exponencial, e não linear, do grau de sobrecarga. Os danos estimados na rede rodoviária devido à sobrecarga sem controlo da sobrecarga foram de N$ 71 milhões por ano a partir de 2000. No entanto, em 2008, o custo dos danos foi reduzido para N$ 31 milhões em resultado do controlo da sobrecarga. (Revisão da estratégia de sobrecarga na Namíbia), ver quadro 3.

De acordo com o relatório anual (2014-2015), a divisão de inspeção do tráfego rodoviário e dos transportes deparou-se com os seguintes desafios

- Acusação de sobrecarga: a suspensão da acusação de sobrecarga continua suspensa devido ao ritmo lento da adoção de normas técnicas.
- Descriminalização das infracções por sobrecarga: o projeto ainda está em curso, mas a um ritmo muito lento.

1.4 Controlo do tráfego

Um relatório de 1991, patrocinado pela Administração de Desenvolvimento Ultramarino, intitulado "Relatório sobre a Polícia Municipal e de Trânsito da Namíbia", concluiu que, embora houvesse áreas no ramo de trânsito da polícia que eram louváveis, havia uma série de áreas em que era necessário melhorar, tanto a curto como a longo prazo. O relatório em si merece ser estudado, mas alguns dos principais problemas identificados na altura foram os seguintes

- grave insuficiência de pessoal no que respeita à função de polícia de trânsito, o que resulta, em alguns casos, numa enorme carga de trabalho para o pessoal disponível;
- o elevado tempo exigido ao pessoal da polícia de trânsito para participar em controlos de cartas de condução e de veículos, em detrimento da aplicação da lei de trânsito na estrada;
- diferenças graves no nível de formação, experiência e competência entre os diferentes centros regionais de polícia de trânsito, bem como nas capacidades de aplicação da lei de trânsito, de controlo de veículos e de exame da carta de condução; e
- procedimentos insatisfatórios de notificação e manutenção de registos de acidentes (embora na área municipal de Windhoek existam excelentes estatísticas).

1.5 Nova política de segurança rodoviária

A "segurança rodoviária" é um conceito bastante indefinido, a menos que seja apoiado por uma definição específica. A segurança rodoviária não é algo que possa ser "alcançado" ou "assegurado". A política de segurança rodoviária aqui proposta baseia-se na abordagem de que deve ser obrigatório que a segurança rodoviária seja expressa em termos de parâmetros quantificáveis que definam um "nível de segurança rodoviária". Em termos leigos, o objetivo da política é, por conseguinte, criar um dispositivo que permita atingir um nível "aceitável" de segurança rodoviária, expresso em termos de parâmetros específicos e de níveis específicos desses parâmetros, conforme decidido periodicamente. A formulação dos objectivos na legislação é discutida mais adiante. O conceito de "promoção da segurança rodoviária", que consta da atual lei nacional de segurança rodoviária de 1972, é, na nova política proposta, especificamente definido como referindo-se à função que tem como objetivo educar, informar e mudar a atitude do público em geral no que diz respeito à segurança rodoviária. Em conformidade com a abordagem geralmente adoptada em várias novas leis que tratam dos transportes na Namíbia, a política de segurança rodoviária deve fazer mais do que prever o estabelecimento de estruturas institucionais e o desempenho de várias funções convencionais que estão relacionadas com a segurança rodoviária. A política de segurança rodoviária baseia-se, portanto, na filosofia de que, para que as políticas e estratégias do Governo sejam eficazes, é necessário prever na legislação

- uma formulação explícita do objetivo (neste caso, objectivos de segurança rodoviária) a atingir - por oposição a uma formulação centrada no desempenho de funções;
- a criação de partes (instituições) que serão responsáveis pela realização de objectivos específicos;
- a atribuição de poderes e recursos adequados a essas partes responsáveis; sob reserva,
- mecanismo para garantir a transparência, o controlo e a responsabilização (Projeto de Livro Verde sobre a Política Nacional de Segurança Rodoviária, 2000).

Capítulo 2

A necessidade de uma abordagem "integrada

Um fator que influencia a implementação da filosofia acima referida no que diz respeito à gestão da segurança rodoviária é o facto de estarem envolvidas várias partes diferentes e independentes, cada uma das quais é responsável por uma função específica relacionada com a realização do que é considerado como um "sector rodoviário seguro". As seguintes funções, entre outras, afectam o nível de segurança rodoviária na Namíbia: a manutenção e a construção de estradas; o controlo da capacidade de circulação dos veículos; o controlo dos padrões dos condutores de veículos; a regulamentação da forma como os veículos são autorizados a circular nas estradas (regras de trânsito); a promoção da segurança rodoviária com o objetivo de influenciar a atitude (ou a ética) do público em geral na condução de veículos, a aplicação das leis de trânsito; o julgamento de infracções de trânsito e a prestação de serviços de emergência para acidentes de trânsito. Os funcionários envolvidos incluem: O Ministro das Obras Públicas, Transportes, o Ministro dos Assuntos Internos e o Ministro da Justiça. Para que os diferentes funcionários possam trabalhar em conjunto de forma eficaz, mantendo a autonomia das suas próprias funções, é necessária uma abordagem integrada (ou coordenada). Para efeitos da nova política, "integrado" é interpretado como implicando "coordenado de forma eficaz com vista à realização de um objetivo global comum". Por conseguinte, a política inclui a previsão de uma função específica de "coordenação", bem como de instrumentos adequados para o efeito. Baseia-se no simples facto de que o ser humano é propenso a cometer erros, independentemente dos quais o sistema rodoviário o deve manter em movimento, daí a necessidade de o sistema ser concebido de forma a proporcionar proteção em todas as curvas. É preciso compreender que a perda de vidas na estrada não deve ser aceite como inevitável. Uma gestão integrada dos sistemas de tráfego rodoviário deve ter em conta a falibilidade humana e minimizar tanto as oportunidades de erro como os danos causados quando estes ocorrem. Um sistema integrado que englobe os elementos de aplicação da lei e de ação penal poderia ajudar a identificar os infractores habituais e a julgar rapidamente esses infractores. Infelizmente, atualmente, o sistema das partes interessadas na segurança rodoviária é díspar e, como tal, tanto a detenção como a perseguição dos infractores continuam a ser um desafio. Enquanto os infractores habituais estiverem na estrada, os agentes da autoridade ficarão desmoralizados. Uma componente integral e essencial de qualquer sistema de gestão da segurança rodoviária está relacionada com a identificação atempada de alterações no sistema, o desenvolvimento de novas técnicas e métodos, a aplicação de novos conhecimentos e a transferência e aplicação de conhecimentos para melhorar continuamente a eficiência e a eficácia do sistema, a fim de continuar a obter os resultados desejados.

Nos últimos anos, tem-se registado uma tendência de aumento do número de feridos resultantes de acidentes rodoviários na Namíbia. O número de feridos aumentou 35% de 2010 a 2014. Além disso, em média, 5840 pessoas ficam feridas em acidentes por ano. O Quadro 2 indica que o número de feridos em acidentes rodoviários diminuiu apenas 0,1% durante o ano de 2012 em relação a 2011. No entanto, o número aumentou novamente em 2013, em 3%. As estatísticas de ferimentos de 2014 registam um aumento de 18% em relação ao ano anterior. Os dados correspondentes a estas situações são obtidos a partir de uma investigação aprofundada, que envolve um registo pormenorizado, a recolha de informações sobre os veículos, as infra-estruturas e os condutores envolvidos, juntamente com uma reconstituição cinematográfica que corrobora essas informações (Lechner e Jourdan, 1994). Em termos monetários, a situação atual custa ao país milhões de dólares por ano, como mostra o quadro 5.

Capítulo 3

Acidentes rodoviários

3.1 Prevenção de lesões causadas pelo tráfego rodoviário

É desanimador constatar que milhares de pessoas morrem e ficam feridas diariamente nas nossas estradas em todo o mundo. Quando o sol nasce todos os dias, é difícil contemplar quantos homens, mulheres e crianças não viverão para o ver pôr-se no horizonte ocidental.

Milhões de pessoas ficam mutiladas para o resto da vida, enquanto os milhares de famílias que ficam para trás são destroçadas; as comunidades e as nações são privadas dos seus cidadãos produtivos - tudo em consequência de acidentes rodoviários. O que é ainda mais preocupante é o facto de os acidentes e as suas vítimas aumentarem todos os anos, sendo a África e o resto do mundo em desenvolvimento responsáveis por mais de 80% do total de mortes em acidentes rodoviários a nível mundial.

Está provado repetidamente que mais de 80% dos acidentes resultam de erro humano. Num dos primeiros relatórios sobre o assunto, Heinrich, no seu estudo de 1928 sobre 75 000 acidentes, estabeleceu o muito citado rácio 88:10:2. Isto significava que 88% de todos os acidentes eram causados por actos inseguros, 10% por condições inseguras e 2% por condições que não podiam ser evitadas.

De um modo geral, a perda de vidas e os ferimentos que ocorrem atualmente nas nossas estradas resultam substancialmente da nossa incapacidade, enquanto utentes da estrada, de nos protegermos da utilização inadequada e descuidada dos avanços tecnológicos que adquirimos desde a invenção da roda. O veículo a motor foi aperfeiçoado ao ponto de ser agora capaz de circular a velocidades superiores a 200 km/h. Os projectistas e fabricantes de veículos tornaram-se tão obcecados pela concorrência e pelo lucro que são incapazes de pensar se é suficientemente seguro viajar a velocidades tão elevadas em terra.

Estas sociedades, ditas modernas, influenciadas pelo desenvolvimento progressivo do veículo a motor impulsionado pelo mercado e pela procura cada vez maior de mobilidade, provocaram uma pandemia universal de proporções pungentes sob a forma de acidentes de viação. As lesões relacionadas com o tráfego rodoviário tornaram-se uma das principais causas mundiais de incapacidade relacionada com lesões.

Na Namíbia, iniciámos um programa destinado a melhorar e a preservar as nossas infra-estruturas rodoviárias. Estão a ser construídas pontes-básculas em locais estratégicos do país. Estão também a ser construídos centros de saúde primários nas comunidades para garantir uma resposta rápida a emergências como acidentes rodoviários.

No entanto, observámos que existe uma correlação entre boas estradas e um maior número de acidentes. Este facto deve-se ao aumento da velocidade de circulação e à incapacidade dos condutores de manobrarem os seus veículos a alta velocidade e de cumprirem voluntariamente as regras da estrada.

Pelo menos 30 pessoas morreram nas estradas da Namíbia durante o último fim de semana da Páscoa, tendo sido registados 106 acidentes (The Namibian, 21/04/ 2006).

Em junho de 2006, outro acidente, ocorrido a cerca de 30 km de Otjiwarongo, na estrada para Otavi, causou nove mortos quando um miniautocarro Toyota Quantam colidiu com um camião Scania (The Namibian, 27/06/2006). A taxa de mortalidade por acidentes de viação é extremamente elevada, tendo sido registados mais de 4 183 acidentes durante o período de 2004/2005 e 4 001 acidentes no período de 2005/2006.

A taxa de acidentes está a aumentar. Os acidentes rodoviários acontecem quando algo corre mal. Pode tratar-se de uma falha mecânica, de uma deficiência da estrada, de um erro do condutor ou de uma combinação destes factores. As provas empíricas sugerem que a condução demasiado rápida para as condições é um fator importante na causa dos acidentes (Sabey e Taylor, 1980). A velocidade é um fator importante. Uma velocidade mais elevada aumenta o risco e resulta em impactos mais fortes quando as coisas correm mal. A força de impacto de um automóvel que circula a 56 km/h é 36% maior do que a 48 km/h.

A velocidade elevada exige padrões rodoviários elevados: (ou seja, estradas sem cruzamentos, utilizadores vulneráveis ou utilizadores lentos). A acalmia do tráfego através de cancelas, lombas, estreitamentos e instalações para peões e bicicletas demonstrou ser uma medida de segurança rodoviária eficaz nessas situações. As lombas são redutores de velocidade baratos e eficazes - quando são projectadas adequadamente. Os condutores detestam-nas frequentemente, principalmente porque têm de reduzir a velocidade para as atravessar. A aplicação dos limites de velocidade é uma forma eficaz de reduzir o número de vítimas entre os utentes vulneráveis da estrada.

Alguns requisitos:

- Necessidade de uma melhor aplicação da lei - uma aplicação deficiente e fragmentada incentiva a violação da lei.

- Necessidade de sanções e penas mais severas.

- Necessidade de poder reter uma parte das coimas para cobrir os custos de

aplicação da lei. A fiscalização policial (com radares e câmaras automáticas) obtém bons resultados no controlo da velocidade. Em muitos países, a aplicação da legislação de trânsito é uma "função essencial" da polícia.

A nova lei relativa ao tráfego rodoviário e aos transportes, que deverá ser aplicada durante o corrente ano, prevê uma série de alterações destinadas a melhorar a segurança do tráfego rodoviário. Consolidará a Lei sobre o tráfego rodoviário de 1967 e, após a sua revogação, as restantes disposições da Lei sobre os transportes rodoviários de 1977.

A nova lei constituirá o principal instrumento para regulamentar o transporte rodoviário e o tráfego rodoviário, em conformidade com as políticas aprovadas no Livro Branco sobre a política de transportes, e para a aplicação da lei neste domínio. A lei abordará, entre outras, questões relacionadas com a "segurança do tráfego rodoviário", tais como o controlo técnico dos veículos a motor, o registo dos veículos a motor, o exame e a autorização dos condutores, a autorização dos instrutores de condução, o controlo da sobrecarga, a regulamentação do tráfego rodoviário e as regras de trânsito.

Alguns dos efeitos da falta de segurança nas estradas são os seguintes

- Alguns veículos não estão em condições de circular; as regras de trânsito existentes são insuficientes e/ou não estão a ser aplicadas.

- Muitos peões e outros utentes vulneráveis atravessam as estradas de forma descontrolada.

- Alguns condutores têm uma formação deficiente e/ou são maus condutores. No que respeita à "disciplina", muitos condutores são agressivos, ultrapassam onde não devem, obstruem o trânsito quando estacionam, não abrandam perto/nas localidades, não respeitam os limites de velocidade, só acendem as luzes do veículo quando está completamente escuro, raramente usam o cinto de segurança e sobrecarregam os seus veículos.

- O controlo da construção e a supervisão dos empreiteiros nem sempre são adequados.

- Os empreiteiros nem sempre executam os projectos corretamente (por exemplo, a sinalização está mal colocada).

- Baixa coordenação e poucas ligações entre as várias partes interessadas que se ocupam da segurança rodoviária. A segurança rodoviária é um problema multidisciplinar, com pelo menos três domínios principais: ambiente/engenharia, controlo do cumprimento e educação.

Um grande número de organizações envolvidas na segurança rodoviária deve tomar as medidas necessárias para melhorar a segurança rodoviária na sua área de responsabilidade.

O problema da segurança rodoviária só pode ser resolvido eficazmente através de uma ação coordenada destinada a reduzir as deficiências em cada um dos principais domínios que afectam a segurança rodoviária. A educação, a aplicação da lei e a engenharia são absolutamente necessárias para melhorar a segurança rodoviária e para mudar o comportamento dos utentes da estrada.

As questões de segurança do tráfego rodoviário devem ser abordadas de uma forma holística no âmbito de um ciclo de disciplina de sistemas, nomeadamente filosofia, teoria, análise, desenvolvimento e gestão de sistemas.

Para o efeito, parece ser necessário desenvolver, aplicar e gerir um sistema integrado de gestão da segurança do tráfego. Para o efeito, toda a questão da segurança do tráfego rodoviário tem de ser reformulada. É muito importante que ponhamos em marcha um processo que permita um exame mais minucioso dos actuais processos de gestão da segurança rodoviária. Como governo, precisamos de rever todo o conceito de gestão da segurança rodoviária e atribuir responsabilidades aos que estão mais aptos a desempenhá-las.

É imperativo que os intervenientes sejam mobilizados para assumirem as suas respectivas responsabilidades nos programas nacionais de segurança rodoviária destinados a minimizar os acidentes de viação e as lesões e o sofrimento humano que lhes estão associados.

3.2 Acidentes rodoviários - o fator humano

A ocorrência de acidentes rodoviários e as mortes e ferimentos daí resultantes são motivo de grande preocupação para o Governo da República da Namíbia. Todos os dias, muitas pessoas morrem e ficam feridas nas nossas estradas. Homens, mulheres e crianças que vão a pé, de bicicleta ou a cavalo para a escola ou para o trabalho, que brincam na rua ou que fazem longas viagens nunca regressam a casa, deixando para trás famílias e comunidades destroçadas.

As lesões causadas pelo tráfego rodoviário são um problema de saúde pública crescente, afectando desproporcionadamente grupos vulneráveis de utentes da estrada, incluindo os pobres. O acidente em que 28 pessoas perderam a vida numa colisão frontal entre um camião pesado e um autocarro de passageiros de tamanho médio que viajava para Rundu em 31 de maio de 2005 foi um dos piores no nosso país. O momento de agir é agora.

A segurança rodoviária é uma questão complexa e multidisciplinar. É amplamente aceite, e confirmado pela análise das estatísticas de acidentes, que o chamado "fator humano" é responsável pela maioria dos acidentes rodoviários. A psicologia cognitiva fornece informações mais pormenorizadas sobre os factores humanos. Explica conceitos e princípios teóricos sobre o funcionamento da mente. Também se diz que "não são os carros que causam os acidentes, são as pessoas".

Por este motivo, uma abordagem técnica e jurídica, por si só, não é considerada suficiente para melhorar a situação dos acidentes rodoviários na Namíbia.

São necessárias acções adicionais dirigidas à investigação científica aplicada, à educação do público e, em geral, à criação de uma ética dos acidentes rodoviários. É necessária a cooperação de várias instituições, por exemplo, autoridades educativas, meios de comunicação social, autoridades locais, etc.

A maioria das pessoas tem a sua própria opinião sobre o que poderia tornar as estradas mais seguras.

A informação anedótica e a sua divulgação pelos meios de comunicação social permitem, com demasiada frequência, que as questões sejam entendidas como problemas graves de segurança rodoviária que exigem uma ação prioritária, o que, por sua vez, pressiona os decisores políticos a responder.

As decisões políticas para uma prevenção eficaz das lesões rodoviárias devem basear-se em informações científicas e não em provas anedóticas.

Em primeiro lugar, são necessárias informações sobre a incidência e os tipos de acidentes/acidentes.

Depois disso, é necessária uma compreensão pormenorizada das circunstâncias que conduzem aos acidentes para orientar a política de segurança. Além disso, o conhecimento da forma como os acidentes são causados e do seu tipo é um instrumento valioso para identificar intervenções e para monitorizar a eficácia das mesmas.

Os acidentes rodoviários são um problema grave em todo o mundo. De acordo com um estudo da Organização Mundial de Saúde, até 2020, os acidentes de viação tornar-se-ão a terceira maior doença ou lesão no mundo (W. Sutton, 200: apresentação da Conferência sobre Segurança Rodoviária, Accra, Gana, 19-20 de setembro de 2000).

Em 1999, cerca de 700 000 pessoas morreram e 23 a 34 milhões de pessoas ficaram feridas em acidentes rodoviários em todo o mundo, tendo aproximadamente 60% destas mortes e ferimentos ocorrido nos países em desenvolvimento.

A análise da ocorrência de acidentes entre 1968 e 1990 revelou um aumento de 350% em África. Esta situação é desfavorável em comparação com a tendência inversa registada nos países industrializados, onde se calcula que a posse de automóveis por 1 000 habitantes é, em média, dez vezes superior à do nosso continente.

Uma análise mais aprofundada das estatísticas globais de acidentes indica que a taxa de mortalidade por veículo registado nos países africanos varia entre 8 e 50 vezes mais do que no mundo industrializado.

Uma análise recente do Global Burden of Disease, ao avaliar as alterações na ordem de classificação do peso das doenças relativamente a 15 causas principais no mundo, mostra que os acidentes de viação ocupavam o nono lugar em 1990 e ocuparão o terceiro lugar em 2020.

Até 2020, os ministérios da saúde gastarão 25% dos seus orçamentos em acidentes rodoviários.

De acordo com um relatório da Parceria Global para a Segurança Rodoviária (GRSP), só nos próximos 10 anos, cerca de 6 milhões de pessoas morrerão e mais de 60 milhões ficarão aleijadas ou feridas em consequência de acidentes rodoviários nos países em desenvolvimento, a menos que sejam tomadas medidas urgentes para resolver este problema. O líder da Global Health e a Federação Internacional da Cruz Vermelha e do Crescente Vermelho (IFRC) identificaram especificamente os acidentes rodoviários como um importante problema de saúde pública e apelaram à adoção de medidas adequadas (M.E. Ohliway, 2000).

A Namíbia regista uma elevada taxa de colisões por ano. As causas destas colisões são numerosas, mas as mais proeminentes são as seguintes:

- ausência de políticas adequadas de segurança rodoviária;

- falta de um sistema eficaz e fiável de gestão da informação sobre colisões;

- ausência de estratégias coerentes de gestão da segurança do tráfego;

- falta de uma educação coerente e agressiva dos utentes da estrada;

- instalações inadequadas para peões e ciclistas;

- proteção inadequada do veículo contra choques;

- proteção inadequada da berma da estrada;

- a não utilização de dispositivos de proteção nos veículos;

- a não utilização de capacetes de proteção;

- animais selvagens;

- fadiga ou sonolência, que está associada a uma série de factores, incluindo a condução a longa distância;

elemento humano:

- excesso de velocidade, condução imprudente e negligente, condução impaciente e irreflectida; e,

- condução em estado de embriaguez e excesso de carga.

O número crescente de colisões e as subsequentes mortes e ferimentos representam um elevado encargo para a economia do país. Além disso, muitas famílias sofrem com a perda de rendimentos devido a ferimentos ou à morte de membros da família.

A Namíbia também está a registar um custo elevado na manutenção das estradas devido à sobrecarga, o que também indica uma situação alarmante.

De acordo com um inquérito efectuado em 1993-94, 56% dos veículos pesados envolvidos no transporte rodoviário transfronteiriço entre a Namíbia e a África do Sul estavam sobrecarregados numa percentagem média de 14. O custo dos danos causados à rede rodoviária da Namíbia devido à sobrecarga é enorme, uma vez que os danos causados pela sobrecarga são uma função exponencial, e não uma função linear, do grau de sobrecarga. A situação enfatiza a necessidade de o governo rever todas as políticas e leis sobre segurança rodoviária e implementar estratégias que reduzam as mortes e os ferimentos.

A partir da discussão acima, é totalmente aceite na Namíbia que 80-90% da causa de incidentes relacionados com o tráfego pode ser atribuída ao fator humano (o restante causado pela maquinaria), no entanto, muito pouca atenção é dada ao reforço dos conhecimentos, habilidades e atitudes dos utentes da estrada. Esta função é considerada uma prioridade, tendo em conta a sua extrema importância e o papel que desempenha na obtenção de níveis aceitáveis de qualidade do tráfego rodoviário, e os recursos técnicos e financeiros significativos apoiados pelo apoio do mais alto nível do governo serão necessários para melhorar a segurança rodoviária na Namíbia.

Todas as categorias de utentes da estrada devem ser expostas a um programa ao longo da vida destinado a melhorar os seus conhecimentos, aptidões e atitudes de utentes da estrada. Um programa abrangente centrar-se-á nos seguintes aspectos

- As campanhas de educação e informação são altamente prioritárias. Deve ser dada especial atenção à formação de formadores;

- Formação de professores e de estudantes de pedagogia no domínio da segurança rodoviária;

- Criar políticas de transportes abrangentes que incluam, entre outras, actividades de segurança rodoviária, um programa que será elaborado em consulta com o Conselho Nacional de Segurança Rodoviária e executado por uma Unidade de Segurança Rodoviária;

- Dar prioridade aos aspectos da segurança rodoviária no planeamento dos projectos rodoviários. Devem ser introduzidas auditorias de segurança para garantir, nomeadamente, a relação custo-eficácia das medidas introduzidas;

- Desenvolver estratégias para a execução do programa a curto, médio e longo prazo. A estratégia a curto prazo poderia consistir na redução do limite de velocidade ou em reguladores de velocidade, que são dispositivos que podem ser adicionados aos veículos para limitar a velocidade máxima do veículo, enquanto as estratégias a médio e longo prazo poderiam abordar de forma abrangente as áreas prioritárias identificadas nas secções anteriores;

- Estabelecer e fazer cumprir a legislação em matéria de alcoolémia. O elemento básico de qualquer pacote destinado a reduzir a alcoolemia dos utentes da estrada é o estabelecimento de uma "concentração de álcool no sangue" (TAS) legal;

- Os níveis de aplicação da lei devem ser elevados e mantidos durante um certo período de tempo, de modo a garantir que a perceção do risco de ser apanhado se mantenha elevada;

- Apoiar os programas relativos à investigação, à transferência de tecnologia e à política de assistência com um financiamento adequado e incentivar a cooperação entre instituições de investigação.

A implantação a nível nacional de um sistema eficaz de gestão da informação sobre o tráfego é de importância crucial e é amplamente utilizada na prática, na esperança de melhorar a segurança. Filmes, cartazes e outro material informativo chegam facilmente a um grande número de pessoas. As campanhas de sensibilização são uma ação visível que parece atrair os decisores de alto nível.

O importante papel que a saúde pública pode desempenhar na prevenção dos acidentes de viação inclui: a recolha e análise de dados para demonstrar o impacto dos acidentes de viação na saúde e na economia; a investigação sobre os factores de risco; a implementação, monitorização e avaliação das intervenções; a prestação de prevenção primária, cuidados e reabilitação adequados às pessoas feridas; e a defesa de uma maior atenção ao problema. Os acidentes de viação são previsíveis e podem ser evitados.

Acidente de colusão na cabeça

Acidente de colusão na cabeça

3.3 Época festiva e segurança rodoviária

As férias anuais de Natal chegaram e é tempo de descansar. Com elas vem a esperança de um período alegre e repousante em que todos esperam estar com familiares, amigos e entes queridos.

Este é um período em que as actividades económicas de todo o mundo param, é um período em que a maioria das empresas fecha as portas para permitir que os seus empregados tenham a oportunidade de descansar e recuperar, preparando-se para as exigências e expectativas do novo ano.

Desanimadoramente, é também a altura do ano em que muitas vidas se perdem desnecessariamente em tragédias rodoviárias de horror indescritível. Ao mesmo tempo que transmitimos os cumprimentos da época a todos os compatriotas namibianos e, especialmente, ao público automobilístico, estamos particularmente preocupados com o facto de a época festiva ser marcada por acidentes de viação e pelos traumas humanos que lhes estão associados.

No dia 13 de dezembro de 2006, dezassete pessoas morreram entre Grootfontein e Rundu, naquele que foi considerado o pior acidente em termos de número de mortes este ano (New Era, 15 de dezembro de 2006). No ano passado, ocorreu outro acidente em que 28 pessoas perderam a vida numa colisão frontal entre um camião pesado e um autocarro de passageiros de tamanho médio que viajava para Rundu, que foi também um dos piores acidentes rodoviários no nosso país. O sofrimento humano causado por estes acidentes e a consequente perda de recursos humanos para o país entristecem imensamente a nação.

As estatísticas sobre acidentes fornecidas pelo Conselho Nacional de Segurança Rodoviária revelam uma tendência crescente dos acidentes rodoviários nos últimos anos. As estatísticas revelam também que uma elevada concentração de acidentes horríveis ocorreu durante as épocas festivas. Embora o Natal seja suposto trazer um espírito de amor, paz, alegria, segurança e carinho, é óbvio que muitos condutores perdem todo o sentido destes valores quando estão de férias.

Preocupa-nos particularmente que esta época festiva seja como as que tivemos nos últimos anos e que muitas pessoas voltem a perder a vida nas nossas estradas ou sofram ferimentos e dores graves. Sabemos que a Unidade de Trânsito da Polícia da Namíbia e todos os departamentos municipais de polícia de trânsito irão, mais uma vez, com toda a diligência, levar a cabo operações de aplicação da lei de trânsito durante este período. Todos nós pedimos que não se mostre clemência àqueles que estão a violar as nossas leis de trânsito e de transportes. Toda a nação vos garante que a vossa dedicação está a ser apreciada e que gozam do nosso total apoio para trazer a lei e a ordem para as nossas estradas.

Lançamos um apelo insistente aos condutores de veículos pesados e ligeiros, bem como de motociclos, ciclistas e peões, para que respeitem as regras do código da estrada. Estamos certos de que, em conjunto, podemos fazer a diferença:

- respeitar a sinalização rodoviária e as marcas rodoviárias;
- respeitar o limite de velocidade;
- não tomar bebidas alcoólicas antes ou durante a condução;
- não ultrapassar em subidas cegas e nunca quando proibido por um sinal de trânsito ou uma linha de barreira;
- todos os ocupantes do veículo usam o cinto de segurança;
- assegurar que o veículo a motor se encontra em bom estado mecânico;
- repousar regularmente em viagens longas e em caso de sonolência;
- utilizar a estrada de forma sensata; e
- ser paciente, cortês e atencioso.

Uma análise mais atenta dos acidentes ocorridos entre 2000 e 2003 revela que as seis principais causas de acidentes rodoviários são atribuídas a excesso de velocidade, distâncias de seguimento incorrectas, condução irreflectida, imprudente, negligente e sobrecarga. Todas estas causas estão relacionadas com o ser humano.

Quando falamos de segurança rodoviária, temos de ter em conta as seguintes três grandes categorias que desempenham um papel importante: o homem, o veículo e o ambiente. O impacto humano é, de longe, o mais importante, porque é o único que tem a capacidade de raciocinar.

De acordo com o estudo empírico, muitos acidentes de viação resultam de erros humanos não intencionais, imprevidência, negligência, imprudência ou desconhecimento da sinalização rodoviária. Os veículos fabricados atualmente são capazes de circular a velocidades superiores a 200 km por hora e é necessário um bom raciocínio quando se é tentado a circular a essa velocidade. Que consequências terá para a sua segurança, a da sua família e a dos outros utentes da estrada?

Dado que haverá mais pessoas e veículos na estrada, nós, enquanto nação, apelamos a todos os organismos responsáveis pela aplicação da lei do trânsito para que estejam vigilantes e tomem medidas imediatas e rigorosas contra qualquer pessoa que infrinja as leis do trânsito. Deve ser mantida uma abordagem de "tolerância zero". A missão de segurança rodoviária a ser cumprida por todos os actores envolvidos na gestão da segurança do tráfego rodoviário é: gerir o tráfego rodoviário de uma forma integrada e multidisciplinar, a fim de melhorar a qualidade da segurança na rede rodoviária da Namíbia.

Por último, desejamos a todos os utentes da estrada, incluindo os peões, e a todos os agentes da autoridade rodoviária um Feliz Natal e um Próspero Ano Novo. Tenham cuidado nas nossas estradas e rezemos para que todos estejam vivos, felizes e bem quando regressarem às vossas casas após a época festiva.

3.4 Reforma do sector rodoviário

As medidas tomadas pelo governo nos últimos anos para introduzir a tão necessária mudança positiva no estado da nossa infraestrutura rodoviária são muito apreciadas. Em 4 de outubro de 1994, o Governo adoptou uma política de transportes totalmente nova, que preconiza a melhoria do desempenho do sector dos transportes e o incentivo à concorrência como principal instrumento para alcançar uma maior eficiência. Apela igualmente à introdução de um sistema de taxas de utilização das estradas que permita a recuperação total, junto dos utentes, dos custos de fornecimento e manutenção das infra-estruturas rodoviárias, de acordo com o princípio da minimização dos custos totais de transporte, com cofinanciamento a partir de fontes de receitas gerais para a parte que não beneficia diretamente os utentes das estradas.

Para dar efeito às políticas e objectivos do governo, o projeto foi lançado em 1995 para reformar o sector. Alguns dos objectivos deste projeto são reestruturar o arranjo institucional para planear, projetar, construir e manter a rede rodoviária nacional da Namíbia, bem como substituir a forma convencional de financiamento através do orçamento nacional, por uma nova forma de financiamento através de um fundo rodoviário específico e um sistema de cobrança aos utentes das estradas. Previa-se que a reforma do sector rodoviário acabaria por ter muitas vantagens, das quais as mais importantes esperadas seriam:

O sector rodoviário será mais eficaz em termos de custos e mais competitivo.

Promoverá um meio mais justo e equitativo de recuperar os custos junto dos beneficiários, os utentes da estrada, incluindo os operadores de veículos pesados.

O país poderá assim manter um dos seus activos mais importantes, a rede rodoviária nacional de mais de 42 000 quilómetros, numa base sustentável e de forma eficiente.

Reduzirá o papel direto do governo no sector rodoviário e aumentará o papel do sector privado na participação na manutenção e construção das estradas da Namíbia.

A Namíbia alinhar-se-á com as normas internacionais relativas às estradas e com o protocolo da SADC sobre transportes, comunicações e meteorologia, do qual a Namíbia é parte.

Após um trabalho árduo, a reforma institucional resultou no estabelecimento de três entidades, sendo a Autoridade de Estradas, a Administração do Fundo de Estradas e a Empresa de Empreiteiros de Estradas, que foram oficialmente lançadas em Windhoek a 12 de julho de 2000. O processo de reforma do sector de estradas da Namíbia tem sido um caminho longo e sinuoso. Chegámos ao fim deste caminho acidentado a tempo, exatamente na viragem do século, tal como previsto pelo projeto MWTC 2000, a iniciativa de reestruturação do governo.

3.4.1 A Autoridade Rodoviária (AR)

A principal função da AR é gerir a rede rodoviária nacional, incluindo as tarefas de planeamento, conceção, construção e manutenção. Para o efeito, a AR recorre a empreiteiros, especialmente para as obras de construção e manutenção. Todos os trabalhos de manutenção e construção de estradas serão objeto de concurso. Um conselho de administração é responsável pela política, controlo e gestão da autoridade, enquanto um diretor executivo é responsável pela administração.

De acordo com a sua lei, a Autoridade Rodoviária também tem de apresentar uma declaração de desempenho, um plano de actividades e um relatório anual ao ministro responsável.

Além disso, a Autoridade Rodoviária também aceitou a responsabilidade pelo Sistema de Informação de Tráfego da Namíbia (NaTIS - o registo e licenciamento de veículos e a gestão do transporte rodoviário) e pelo policiamento de sobrecarregadores e outros regulamentos de transporte rodoviário e de tráfego através dos nossos inspectores de transporte rodoviário. A principal fonte de financiamento para as tarefas acima mencionadas provém de um fundo rodoviário que é alimentado pelas taxas de utilização das estradas e administrado pela Administração do Fundo Rodoviário.

3.4.2 O Fundo Rodoviário

Administração (RFA)

A Administração do Fundo de Estradas, sob os auspícios do Ministro das Finanças, é responsável pela gestão do sistema de cobrança aos utentes das estradas para assegurar e atribuir fundos para alcançar um sector de estradas seguro e economicamente eficiente. Como com as duas outras entidades, a política, o controlo e a gestão são confiados a um Conselho de Administração, enquanto um Diretor Executivo é responsável pela administração. Em consulta com o Ministro das Finanças, o Conselho de Administração determinará as taxas dos encargos e procederá à sua cobrança. O regulamento será publicado no Diário do Governo.

A taxa de utilização das estradas é acumulada no fundo rodoviário, que só pode ser utilizado para despesas relacionadas com as estradas e o tráfego rodoviário. A aplicação das leis de trânsito, o sistema nacional de informação sobre transportes e o centro de controlo de veículos também podem ser financiados pelo fundo. A Autoridade Rodoviária ou as autoridades aprovadas, como os conselhos municipais, podem candidatar-se a financiamento da Administração do Fundo Rodoviário. A RFA é autónoma, actua com transparência, consulta as partes interessadas e age como "mandatária" em nome dos utentes das estradas. Para assegurar a sua eficiência e controlo efetivo, a Lei estipula que a Administração do Fundo de Estradas tem que submeter uma declaração de desempenho, um plano de negócios e um relatório anual ao Ministro das Finanças.

3.4.3 A empresa Roads Contractor Company (RCC)

A Companhia de Empreiteiros de Estradas, que é uma empresa nos termos da Lei das Empresas, é totalmente detida pelo Governo. Um Conselho de Administração é responsável pela política, controlo e gestão da empresa, enquanto um Diretor Executivo é responsável pela administração. O objeto da empresa é a realização de trabalhos relacionados com obras de engenharia civil e a construção ou manutenção de estradas, de acordo com princípios empresariais sólidos e geralmente aceites. A Empresa Empreiteira de Estradas celebra um contrato de execução com o ministro acionista, segundo o qual a empresa terá de desempenhar as suas funções e cumprir as suas obrigações.

Desde a criação desta entidade (em 2000), foi concedido à empresa um período de três anos para se tornar totalmente competitiva e comercializada. Durante esse período, recebeu contratos de manutenção preferenciais da Autoridade Rodoviária, após o que a empresa concorreu a trabalhos contratuais numa base de concurso público, tornando-se a primeira empresa operacional detida pelo Estado a competir em pé de igualdade com o sector privado.

As caraterísticas importantes da empresa de construção de estradas são:

Tem uma estrutura organizacional plana com apenas algumas pessoas na sua sede.

A atividade é descentralizada. As decisões são tomadas e as receitas são geradas por unidades de manutenção a nível divisional ou distrital.

Os trabalhos de manutenção são também efectuados através de métodos baseados na mão de obra, garantindo trabalho a mais pessoas das zonas rurais.

O desempenho acima dos níveis exigidos garante aos trabalhadores melhores remunerações e condições de vida.

Nesta altura, a Autoridade Rodoviária e a Empresa de Contratação de Estradas tornaram-se muito mais "visíveis" em todo o país. Penso que todos os namibianos concordarão que os objectivos estabelecidos pelo processo de reforma anteriormente mencionado foram, em grande medida, alcançados. Para os atingir plenamente, também concordamos, sem dúvida, que será necessário mais tempo e dedicação contínua. Estejam certos de que o governo e as entidades recém-criadas aceitaram esse desafio. O governo e as entidades acolherão sempre a participação dos proprietários da rede rodoviária da Namíbia - o público - para ajudar a fazer um bom trabalho e para servir melhor os utentes da estrada sem que estes tenham de pagar demasiado.

Por último, temos de saudar e felicitar todas as pessoas e organizações que persistiram e trabalharam propositadamente para realizar as grandes mudanças. Entre elas contam-se todas as partes interessadas, o governo e os consultores. Aceitem a nossa gratidão e o nosso grande agradecimento por um trabalho bem feito.

3.5 Existe uma solução para os acidentes?

Os acidentes rodoviários representam um pesado ónus para as economias mundiais e nacionais e para as finanças das famílias. Muitas famílias são empurradas para a pobreza devido à perda do seu ganha-pão e ao ónus adicional de cuidar de membros incapacitados por acidentes rodoviários.

De acordo com o relatório estatístico sobre acidentes rodoviários na Namíbia de 2007, todos os anos a Namíbia regista mais de 10 000 acidentes de viação, 3 000 feridos e 300 mortes, sendo que a maioria dos feridos, incapacitados e mortos se situa na faixa etária entre os 17 e os 59 anos.

Os acidentes de viação, também conhecidos como colisões de automóveis, acidentes de viação, acidentes rodoviários ou destroços de automóveis, são uma situação em que um veículo colide com outro veículo ou com um objeto na estrada, provocando ferimentos numa pessoa ou danos numa propriedade.

Por vezes, a estrada, bem como as más condições climatéricas ou ambientais, também estão na origem de acidentes rodoviários. Uma análise dos acidentes no estado de Victoria, na Austrália, sugere que a falta de visibilidade é um fator em 65% dos acidentes entre automóveis e veículos motorizados de duas rodas e a única causa em 21% dos mesmos.

Uma meta-análise do efeito da utilização de luzes diurnas encontrou uma redução de 10 a 15% nos acidentes diurnos envolvendo mais do que uma pessoa.

Atualmente, alguns países exigem a instalação e utilização de luzes diurnas. A investigação na Alemanha também demonstrou que cerca de 5% dos acidentes graves com camiões podem ser atribuídos à fraca visibilidade do camião ou do seu reboque durante a noite. Nestes casos, os condutores de automóveis não conseguiram reconhecer os camiões que saíam da estrada, viravam ou seguiam à sua frente.

Muitos acidentes rodoviários envolvem condutores que não conseguem ver os outros utentes da estrada nos ângulos mortos que existem na área imediatamente à volta dos seus veículos.

Quando estão envolvidos veículos de maiores dimensões, como camiões ou autocarros, estes acidentes provocam frequentemente ferimentos graves ou mesmo a morte de utentes vulneráveis da estrada, como peões, ciclistas ou condutores de veículos motorizados de duas rodas (Relatório mundial sobre a prevenção de lesões causadas pelo tráfego rodoviário).

Os outros factores que contribuem para os acidentes rodoviários que foram identificados nas estradas da Namíbia são o excesso de velocidade e a sobrecarga.

Recentemente, temos assistido a acidentes rodoviários envolvendo autocarros e camiões.

Em 11 de outubro de 2013, o autocarro escolar que transportava 13 crianças da Escola Waldorf capotou, tendo uma mulher ficado gravemente ferida, enquanto o outro acidente rodoviário ocorreu na quinta de Aussenkehr, em 10 de outubro de 2013, onde um camião sobrecarregado com 200 trabalhadores capotou quando o condutor alegadamente não conseguiu fazer uma curva, tendo 139 trabalhadores ficado feridos neste acidente de massa.

Alguns trabalhadores queixam-se de que os camiões que os transportam para o trabalho nem sequer estão em condições de circular. Enquanto outros se interrogam sobre qual o meio de transporte que deve ser utilizado para transportar os trabalhadores?

No passado sábado à noite (19 de outubro), sete jovens com idades compreendidas entre os 16 e os 23 anos morreram num acidente em Katima Mulilo, em que um Toyota bakkie capotou quando se suspeita que o condutor não conseguiu fazer uma curva na estrada. O Regulamento 266 dos Regulamentos de Tráfego Rodoviário e Transportes de 2001 estipula claramente que, "Uma pessoa não pode operar um veículo de mercadorias que transporta pessoas numa via pública, a menos que a parte do veículo em que essas pessoas estão a ser transportadas esteja fechada a uma altura de pelo menos 350 milímetros acima da superfície em que essa pessoa está sentada, ou pelo menos 900 milímetros acima da superfície em que essa pessoa está de pé, de uma forma e com um material de resistência suficiente para evitar que essa pessoa caia desse veículo quando está em movimento."

Por conseguinte, recomenda-se vivamente que os proprietários de camiões e os condutores cumpram integralmente as disposições deste regulamento, com vista a reduzir os acidentes rodoviários para o nível mínimo aceitável.

O Conselho Nacional de Segurança Rodoviária (CNSR) deve continuar a realizar regularmente campanhas de educação e sensibilização para a segurança rodoviária, uma vez que tem a responsabilidade de promover a segurança rodoviária e divulgar informações sobre segurança rodoviária a todos os interessados.

Além disso, há o comportamento do condutor, como a consciência e o cumprimento das regras de trânsito ou a fadiga do condutor. De acordo com a investigação sobre segurança rodoviária do Secretariado para a Segurança do Tráfego, os pneus defeituosos foram identificados como uma ameaça à mobilidade e à vida dos utentes da estrada.

A questão premente é como podemos reduzir os acidentes rodoviários nas nossas estradas nacionais? O método mais importante para reduzir a sinistralidade rodoviária é a aplicação rigorosa dos limites de velocidade. Noventa por cento dos acidentes podem ser evitados através da aplicação rigorosa dos limites de velocidade.

Devem ser aplicadas sanções pesadas a todos aqueles que ultrapassam os limites de velocidade. Se isto for rigorosamente aplicado, ninguém se atreverá a conduzir a alta velocidade. Os controladores de velocidade invioláveis devem ser obrigatórios para todos os veículos pesados.

Estão a ser desenvolvidos novos dispositivos para a prevenção de colisões, que deverão ser instalados em todos os veículos.

Os organismos de investigação devem ser convidados a desenvolver tais dispositivos, por exemplo, podem ser desenvolvidos dispositivos para abrandar automaticamente o veículo, se não for mantida uma distância de segurança proporcional à velocidade do veículo da frente. Podem ser desenvolvidos dispositivos para avisar o condutor, se este estiver a dormir.

Por último, no que respeita aos problemas dos pneus, recomenda-se o lançamento de campanhas educativas para informar os condutores e os comerciantes de pneus sobre os possíveis efeitos dos pneus usados.

É crucial que os condutores sejam ensinados a inspecionar os pneus antes de os comprarem, devendo também informar-se sobre a velocidade necessária para pneus específicos e a utilização de pneus diferentes.

Acidente de colisão traseira

3.6 Como é que os acidentes podem ser evitados?

Os acidentes de viação podem ocorrer em qualquer altura e a maioria dos acidentes de viação são causados por erro humano. No entanto, outros factores que contribuem para isso são as condições meteorológicas e rodoviárias. Verificámos que os meses de abril, agosto e setembro registaram o maior número de acidentes rodoviários, mas que os meses de março, novembro e dezembro foram os que registaram mais acidentes mortais e graves. Os feriados públicos e a época festiva enquadram-se neste período. Por conseguinte, à medida que nos aproximamos da época festiva, devemos ser extremamente cuidadosos quando conduzimos, para que possamos chegar aos nossos destinos em segurança. Como já foi referido em anos anteriores, o número de condutores do sexo masculino envolvidos em acidentes rodoviários foi consideravelmente superior ao das mulheres. Embora o comportamento dos condutores do sexo masculino possa ser diferente do das suas homólogas do sexo feminino, o facto de menos mulheres terem acesso a transportes motorizados pode também ter contribuído para reduzir o número de mulheres condutoras envolvidas em acidentes. A distribuição etária dos condutores envolvidos em acidentes com feridos mostrou que os grupos etários mais afectados foram os dos 25 aos 40 anos, seguidos do grupo etário dos 41 aos 49 anos. Os passageiros afectados por acidentes eram ligeiramente mais jovens, com cerca de um terço deles a pertencer ao grupo etário dos 18 aos 33 anos.

São vários os factores que contribuem para o risco de colisão, incluindo a conceção do veículo, a velocidade, a conceção da estrada, o ambiente rodoviário, a competência e/ou incapacidade do condutor e o comportamento do condutor. Os factores humanos nas colisões de veículos incluem todos os factores relacionados com os condutores e outros utentes da estrada que podem contribuir para uma colisão. Os exemplos incluem o comportamento do condutor, a acuidade visual e auditiva, a capacidade de decisão e a velocidade de reação.

A velocidade dos veículos a motor está no centro do problema dos acidentes rodoviários. A velocidade influencia tanto o risco de acidente como as consequências do acidente. A "velocidade excessiva" é definida como um veículo que excede o limite de velocidade aplicável; a "velocidade inadequada" refere-se a um veículo que circula a uma velocidade imprópria para as condições de estrada e de tráfego prevalecentes.

A deficiência do condutor descreve os factores que o impedem de conduzir ao seu nível normal de aptidão. Visão deficiente e/ou deficiência física, sendo que muitas jurisdições estabelecem testes de visão simples e/ou exigem modificações adequadas no veículo antes de o condutor ser autorizado a conduzir.

A investigação sugere que a atenção do condutor é afetada por sons que o distraem, como conversas e o funcionamento de um telemóvel durante a condução. Atualmente, muitas jurisdições restringem ou proíbem a utilização de alguns tipos de telemóvel dentro do automóvel.

Uma investigação recente levada a cabo por cientistas britânicos sugere que a música também pode ter um efeito; a música clássica é considerada calmante, mas em excesso pode relaxar o condutor até um estado de distração.

Uma conceção e manutenção cuidadosas, com intersecções, pavimentos, visibilidade e dispositivos de controlo de tráfego bem concebidos, podem resultar em reduções significativas das taxas de acidentes.

Se é condutor, uma das coisas mais importantes que pode fazer para se manter a si próprio e aos seus passageiros em segurança é garantir que está no seu estado de alerta máximo quando conduz e que não é comprometido por factores como:

- Álcool - não beba e conduza - mesmo uma quantidade aparentemente pequena de álcool pode afetar o seu discernimento;

- Fadiga - não se ponha a andar de carro se estiver a sentir sono. Se começar a sentir-se cansado durante a condução, faça uma pausa até estar novamente bem acordado;

- Evitar o excesso de velocidade;

- Manter o seu veículo em boas condições de funcionamento;

- Distrações - certifique-se de que o seu telemóvel está desligado quando está a conduzir, para não se sentir tentado a atender quando ele toca. Mantenha-se sempre calmo e controlado quando estiver a conduzir;

- Verifique o seu automóvel em intervalos regulares, ou seja, monitorize constantemente os pneus, os travões, as luzes e os espelhos;

- Cintos de segurança - a utilização permanente do cinto de segurança limita o movimento (reduzindo assim o grau de efeito de chicote) e evita também que seja ejectado do seu lugar;

- Mantenha sempre o seu veículo limpo e arrumado;

- Ter uma ideia clara das limitações do seu automóvel;

Na medida do possível, evite conduzir à noite;

- Evite o excesso de música - Ouvir música alta enquanto conduz pode prejudicar seriamente os tempos de reação e causar acidentes.

A investigação demonstrou que a visibilidade dos agentes da autoridade, juntamente com campanhas de sensibilização, conduz a uma redução dos acidentes rodoviários. Recomenda-se que sejam estabelecidos mais bloqueios de estrada permanentes e móveis durante as épocas festivas e, se a polícia namibiana estiver sobrecarregada em termos de mão de obra, deve considerar o recurso a voluntários do Serviço Nacional da Juventude. Acima de tudo, tenho um humilde pedido a todos os utentes da estrada para que cumpram as leis e regulamentos de trânsito existentes. Por último, gostaria de vos desejar a todos um Feliz Natal e um próspero ano novo. Conduzam com segurança para chegarem inteiros aos vossos destinos.

3.7 O desenvolvimento rodoviário é uma das principais realizações da Namíbia

A Namíbia deu grandes passos no desenvolvimento de infra-estruturas desde que se tornou independente em março de 1990. Em 2015, a nação da África Austral, que assinala o seu 27.º aniversário da independência, foi nomeada pelo Fórum Económico Mundial (FEM) como o país com as melhores estradas de África.

O Relatório de Competitividade Global da fundação para 2014/15 observou que a construção e a manutenção de estradas na Namíbia cumprem as normas internacionais. A rede rodoviária nacional da Namíbia totaliza 46 376, das quais 7 165 são estradas de betume.

Em 1990, o Governo da Namíbia criou o Ministério das Obras Públicas, Transportes e Comunicações, que foi mandatado para assegurar a disponibilidade e a qualidade das infra-estruturas de transportes e dos serviços especializados, bem como o alojamento funcional e atribuído à satisfação do cliente e do governo.

O ministério comercializou alguns serviços numa base autossustentável e o ministério principal continua a ser responsável apenas pelos aspectos regulamentares e de controlo da propriedade.

O objetivo da reestruturação do ministério consistia em fornecer, manter e administrar de forma mais eficaz as infra-estruturas públicas em matéria de alojamento, transportes, comunicações e certos serviços especializados.

O Ministério dos Transportes é responsável pelos transportes no seu sentido mais lato. Está envolvido em cada um dos quatro modos de transporte, nomeadamente, rodoviário, ferroviário, aéreo e marítimo.

O objetivo geral deste serviço é assegurar a prestação de serviços de transporte seguros, eficazes e eficientes, em equilíbrio com a procura, nos diferentes modos de transporte.

Aquando da independência, a Namíbia encontrava-se relativamente bem servida de infra-estruturas rodoviárias, aéreas e ferroviárias, mas de uma forma desequilibrada a nível regional.

Desde então, as prioridades do governo no sector dos transportes têm sido a manutenção das infra-estruturas rodoviárias existentes para evitar a sua deterioração, o desenvolvimento da rede rodoviária nas zonas anteriormente negligenciadas, a melhoria das ligações rodoviárias com os países vizinhos e o desenvolvimento das infra-estruturas portuárias.

Para determinar as necessidades actuais e futuras em matéria de transportes e desenvolver programas para a implantação de projectos de infra-estruturas de transportes, foram realizados vários planos diretores e estudos de viabilidade desde 1990.

Estes incluem os planos diretores das estradas de Oshikoto, Ohangwena, Oshana e Omusati, das estradas de Okavango Este e Oeste e das estradas do Zambeze, bem como o Plano Nacional de Desenvolvimento dos Transportes. Foram também realizados os planos diretores do aeroporto de Windhoek, do aeródromo de Eros e do aeroporto de Walvis Bay.

Os vários estudos de viabilidade incluem a autoestrada Trans-Caprivi, a avaliação do impacto ambiental da autoestrada Trans-Caprivi, a estrada Okavango-Ohangwena, a estrada Gobabis-Otjinene, a estrada de ligação Oranjemund, a variante leste-oeste de Windhoek, a melhoria da estrada TR1/6 entre Brakwater e Okahandja.

Outros são a MR 44 Swakopmund-Cape Cross, o estudo de viabilidade da criação de faixas de rodagem entre Windhoek e Aris, a estrada de ligação Gobabis-Aranos, as futuras instalações portuárias na Namíbia, o Cabo Frio, o porto de pesca da Baía de Mowe e os estudos de viabilidade da extensão da linha férrea do norte.

A maioria dos projectos acima referidos foi concluída.

Também se registaram progressos significativos nos projectos de construção de estradas que fazem parte da autoestrada Trans-Caprivi, que constitui uma ligação vital ao longo do corredor de desenvolvimento Walvis Bay-Ndola-Lubumbashi.

O objetivo geral da Auto-Estrada Trans-Caprivi é proporcionar à Namíbia uma via de transporte para leste, com todas as condições meteorológicas, para ligação às redes rodoviárias dos países sem litoral do Botsuana, Zâmbia e Zimbabué.

Outra rota importante entre o porto de Walvis Bay e os países vizinhos da Namíbia a leste, especialmente o Botsuana, sem litoral, é a Autoestrada Trans-Kalahari.

A construção segundo as normas do asfalto foi da maior importância para proporcionar uma ligação de comunicação rodoviária rápida e confortável. A autoestrada Trans-Kalahari, que faz parte do corredor de desenvolvimento Walvis Bay-Botswana-Gauteng-Maputo, foi oficialmente aberta ao tráfego em março de 1998.

Com a conclusão do troço que atravessa o Botsuana, todos os seus benefícios começarão a ser concretizados. Esta estrada através do Botsuana reduziu em cerca de 500 km a distância por estrada entre Windhoek e a província de Gauteng, na África do Sul.

As duas artérias nacionais mais importantes são as auto-estradas B1 e B2. A B1 percorre todo o território da Namíbia, desde a cidade de Oshikango, na fronteira angolana, passando pela capital Windhoek, até ao sul, em Noordoewer, na fronteira com a África do Sul. A B2 é uma autoestrada de 291 km que liga o porto principal de Walvis Bay e a capital Windhoek.

Em 1998, o Conselho de Ministros aprovou a política nacional de obras baseadas na mão de obra, uma política que procura alargar a experiência adquirida na construção de estradas ao maior número possível de sectores da economia.

Esta política contribuirá para os actuais esforços nacionais de criação de emprego.

Capítulo 4

História das estradas na Namíbia

A história dos transportes é, em grande medida, uma história de inovação tecnológica. Os avanços tecnológicos permitiram às pessoas viajar mais longe, explorar mais território e expandir a sua influência sobre áreas cada vez maiores.

Já na Antiguidade, novos utensílios, como as coberturas para os pés, aumentavam as distâncias a percorrer.

À medida que novas invenções e descobertas eram aplicadas aos problemas de transporte, o tempo de deslocação diminuía, ao mesmo tempo que aumentava a capacidade de transportar mais e maiores cargas.

A inovação continua, uma vez que os investigadores no domínio dos transportes estão a trabalhar para encontrar novas formas de reduzir os custos e aumentar a eficiência dos transportes.

Os transportes são vitais para o bom funcionamento das actividades económicas e fundamentais para garantir o bem-estar social e a coesão das populações. Os transportes asseguram a mobilidade quotidiana das pessoas e são cruciais para a produção e distribuição de bens.

A existência de infra-estruturas adequadas é uma condição prévia fundamental para os sistemas de transporte. No entanto, nos seus esforços para facilitar os transportes, os decisores dos governos e das organizações internacionais enfrentam desafios difíceis.

Estes incluem a existência de barreiras ou obstáculos físicos, tais como infra-estruturas de transportes insuficientes ou inadequadas, estrangulamentos e ligações em falta, bem como a falta de fundos para os eliminar. A resolução destes problemas não é uma tarefa fácil. Exige ação por parte dos governos em causa, acções que são coordenadas com outros governos a nível regional e internacional.

Antes de se poder desenvolver um modelo rodoviário adequado e optimizado para a República independente da Namíbia, é necessário conhecer a história das estradas na Namíbia.

A história das estradas divide-se entre a era pré-colonial, desde aproximadamente 1250 d.C., altura em que existem os primeiros vestígios arqueológicos de estradas feitas pelo homem, e 1884, quando se estabeleceu a potência colonial alemã.

Este período será subdividido em quatro épocas: em primeiro lugar, a era pré-histórica, de cerca de 1250 a cerca de 1770; em segundo lugar, a era dos Orlams e dos primeiros europeus, de cerca de 1770 a 1840; em terceiro lugar, a era dos Jonker Afrikaner, de cerca de 1840 a cerca de 1860; e, por último, a era pré-alemã, de cerca de 1860 a 1884.

O período da administração alemã de 1884 a 1915 será subdividido em duas secções - o período inicial e o período de consolidação da ocupação alemã.

A era sul-africana será subdividida em cinco períodos: primeiro, de 1920 a 1937 (a função rodoviária foi assumida pelo ramo de obras da administração da África do Sudoeste); segundo, de 1937 a 1945 (foi nomeado o primeiro pessoal profissional de estradas); terceiro, de 1945 a 1952 (foi criado um departamento de estradas separado); e, depois, de 1952 a 1965, o início da expansão moderna do sistema rodoviário namibiano, com o período final do desenvolvimento recente.

O início da era da ocupação alemã do país, em 1884, não trouxe quaisquer novas melhorias tecnológicas aos sistemas de infra-estruturas de transportes.

O carro de bois ainda determinava os parâmetros de conceção para todas as actividades de construção de estradas, mas, a partir de agora, o desenvolvimento de novas infra-estruturas de transporte na Namíbia foi iniciado pelas exigências das forças alemãs.

Inicialmente, este desenvolvimento parece ter sido limitado no seu âmbito.

No entanto, há que ter em conta que isto foi antes do advento do pneu e que as normas estavam de acordo com os requisitos mínimos do robusto carro de bois.

O sistema de infra-estruturas de transportes nesta época reflecte o início do controlo político e económico da Namíbia pela nova administração colonial.

Nos primeiros vinte anos, esta administração não conseguiu atingir verdadeiramente o seu objetivo, ou seja, criar uma colónia de colonos alemães.

Capítulo 5

Resultados

Estatísticas de colisão

O número crescente de colisões e as subsequentes mortes e ferimentos representam um elevado encargo para a economia do país. Além disso, muitas famílias sofrem com a perda de rendimentos devido a ferimentos ou à morte de membros da família. O estudo mostrou que os acidentes rodoviários são mais comuns nas zonas rurais do que nas cidades, tal como ilustrado na Figura 1. A maior parte dos acidentes ocorre em zonas urbanas (69,5%), sendo de notar que estes acidentes rodoviários são frequentemente apenas danos (danos nos veículos), ao passo que os acidentes nas estradas rurais provocam ferimentos.

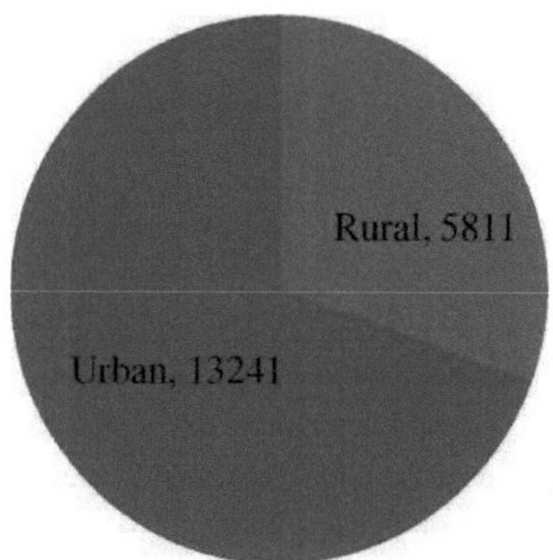

Figura 1. Comparação dos acidentes rodoviários nas zonas rurais e urbanas.

As mortes causadas por acidentes rodoviários aumentaram 7% em 2014, em comparação com o ano anterior. As estatísticas mostram que, em média, nos últimos 5 anos, são registadas anualmente 580 mortes nas estradas da Namíbia. Os resultados deste relatório ilustram uma taxa de exposição de 33,36 mortes em acidentes rodoviários por 100 000 habitantes em 2015. A maioria das mortes foi registada em agosto (12%) e março (10%). As regiões com o maior número de vítimas mortais foram Khomas (15%) e Otjozondjupa (14%). As estatísticas sobre acidentes rodoviários confirmaram que mais homens do que mulheres perderam a vida devido a acidentes de viação na Namíbia. A taxa de mortos do sexo masculino representou 21717, 76,2% do registo de fatalidades, enquanto que a taxa de mortos do sexo feminino representou 4571, 16% e um registo em falta de 2208, 7,7%. Ver Fig.7 De acordo com o relatório do fundo de acidentes de viação (MVA fund), as idades das pessoas que pereceram nos acidentes mortais registados de janeiro a agosto, as estatísticas indicam que a maioria são jovens entre os 16 e os 35 anos de idade, o que representa 48% das vítimas mortais registadas. Outros grupos etários críticos com maior número de vítimas mortais são as crianças com menos de 10 anos (11%) e os idosos com mais de 60 anos (6%). A análise dos acidentes registados por dia da semana indica que a maioria dos acidentes ocorreu durante os fins-de-semana (60%), sendo o sábado o dia em que se registaram mais acidentes (38%). As terças-feiras registaram poucos acidentes, com um registo de apenas 9%. No que diz respeito à distribuição dos acidentes por hora do dia, é evidente que as horas nocturnas são mais críticas para os acidentes rodoviários, sendo que 54% dos acidentes registados ocorreram entre as 16h00 e as 23h59.

Em geral, há uma ligeira variação dos acidentes rodoviários de mês para mês. No entanto, parece haver um pico durante o inverno (junho a agosto). Ainda não foi efectuado nenhum estudo científico para determinar a razão deste facto. Como indicado na figura 2 e no quadro 1;

Discussão e conclusões

A nível nacional

A partir da discussão acima, é totalmente aceite na Namíbia que 80-90% das causas de incidentes relacionados com o tráfego podem ser atribuídas ao fator humano, no entanto, muito pouca atenção é dada ao reforço dos conhecimentos, habilidades e atitudes dos utentes da estrada. Esta função é considerada como uma prioridade, tendo em conta a sua extrema importância e o papel que desempenha na obtenção de níveis aceitáveis de qualidade do tráfego rodoviário e os recursos técnicos e financeiros significativos apoiados pelo apoio do mais alto nível no governo serão necessários para melhorar a segurança rodoviária na Namíbia. Todas as categorias de utentes da estrada devem ser expostas a um programa ao longo da vida destinado a melhorar os seus conhecimentos, habilidades e atitudes de utentes da estrada. Um programa abrangente concentrar-se-á no seguinte:

- atribuir elevada prioridade às campanhas de educação e informação. Deve ser dada especial ênfase à formação de formadores;
- campanhas nos meios de comunicação social que decorram ao longo de todo o ano e que não sejam sazonais;
- formação de professores e de estudantes de pedagogia no domínio da segurança rodoviária;
- estabelecer políticas globais de transportes que incluam, entre outras, actividades de segurança rodoviária, cujo programa será elaborado em consulta com um conselho

nacional de segurança rodoviária e executado por uma unidade de segurança rodoviária;

- fornecer recursos financeiros e humanos adequados e disposições institucionais para as actividades de segurança rodoviária;
- dar prioridade aos aspectos da segurança rodoviária no planeamento dos projectos rodoviários. As auditorias de segurança devem ser introduzidas suficientemente cedo para garantir, nomeadamente, a relação custo-eficácia das medidas introduzidas;
- desenvolver estratégias para a execução do programa a curto, médio e longo prazo. A estratégia a curto prazo poderia ser a redução do limite de velocidade nas zonas urbanas, enquanto as estratégias a médio e longo prazo poderiam abordar de forma abrangente as áreas prioritárias identificadas nas secções anteriores;

- apoiar programas de investigação, transferência de tecnologia e política de assistência com financiamento adequado e incentivar a cooperação entre instituições de investigação;
- considerar as questões culturais e sociais ao aplicar algumas das medidas corretivas nos regimes existentes e/ou novos.

A implementação a nível nacional de um "sistema de gestão da informação de tráfego" eficiente é de importância crucial e é amplamente utilizada na prática, na esperança de melhorar a segurança. Filmes, cartazes e outros materiais informativos chegam facilmente a um grande número de pessoas. As campanhas de sensibilização são uma ação visível que parece apelar aos decisores de alto nível. Antes de se poder esperar qualquer mudança positiva no número ou na gravidade dos acidentes, o material da campanha tem de ser visto, compreendido e posto em prática. Atualmente, a informação disponível sobre a gestão do tráfego rodoviário é insuficiente. Uma gestão eficaz do tráfego rodoviário depende de informação suficiente sobre veículos, proprietários, operadores, condutores, colisões, infracções, condenações, etc., pelo que se recomenda a implementação de um sistema de informação abrangente e eficaz. Este sistema deve incluir uma base de dados normalizada para todos os aspectos do tráfego rodoviário. A informação deve ser disponibilizada aos gestores a todos os níveis, de acordo com as suas funções e necessidades. Os serviços que contribuem para uma gestão eficaz dos incidentes são inadequados e precisam de ser melhorados. A longa distância entre as zonas urbanas tem uma influência negativa no tempo de reação dos serviços de emergência ao local do incidente. A comunicação entre o local do incidente e os serviços de emergência não é adequada. Na maioria das vezes, as primeiras pessoas a chegar ao local do incidente não são os serviços de emergência, mas sim membros do público em geral. Por conseguinte, a gestão de um incidente pode ser eficaz através de:

- o desenvolvimento, a implementação e o funcionamento de planos de gestão de incidentes destinados a melhorar a eficácia e a eficiência dos serviços relevantes;
- a cooperação entre os vários serviços de emergência;

- orientações uniformes e normalizadas sobre o conteúdo de um plano de gestão de incidentes a emitir às autoridades locais;
- equipamento de emergência suficiente e tempos de reação mais curtos;
- melhoria da comunicação entre as vítimas de acidentes e os funcionários competentes;
- reforço dos conhecimentos dos condutores em matéria de primeiros socorros;
- o equipamento dos veículos com material de emergência, como extintores de incêndio e estojos de primeiros socorros;
- utilização de equipamento de proteção individual (EPI)

A nível regional

Uma cooperação mais estreita entre os Estados Membros da SADC requer a formulação de políticas de segurança rodoviária, que estejam em conformidade com os padrões e normas estabelecidos para a região. Recomenda-se também que todas as organizações envolvidas em actividades de segurança rodoviária juntem os seus recursos para apoiar todas as iniciativas que abordam questões de segurança rodoviária nos Estados Membros da SADC. A este respeito, a implementação bem sucedida do programa de segurança rodoviária, sendo de natureza multidisciplinar, exigirá uma cooperação efectiva e sustentada dos vários agentes envolvidos. O aumento da mobilidade das pessoas da região e o subsequente aumento do tráfego transfronteiriço também enfatizam o facto de que todas as oportunidades devem ser aproveitadas para rever as políticas e compará-las com as normas internacionais.

A nível internacional

Aumentar a participação da Namíbia na gestão internacional da qualidade das estradas, com vista a aumentar a segurança rodoviária nas estradas nacionais internacionais.

Referências

1. [st]Dhliwayo M.E.: Documento apresentado na Conferência sobre Segurança Rodoviária em África, que abordou os Desafios dos Acidentes nas Estradas de África no Século XXI, em Acra, Gana, de 19 a 20 de setembro (2000).
2. Engenstrom, Y.: Perustietoa opetuksesta. Valtion painatuskeskus, Helsínquia 1982 (em finlandês 1972)
3. Fell, J.C...: 1976, A motor vehicle accident causal system, Human Fator 18.pp.88-95
4. Girard, Y. (Ed), 1994, In-Depth investigation FERSI Group report (INRETS, Paris)
5. Lechner, D. e Jourdan, J.L., 1994, Reconstrução de acidentes: ferramenta de software. In XXV FISITA.
6. Fundo MVA, Relatório sobre acidentes rodoviários e sinistros, (2014/5)
7. Política Nacional de Segurança Rodoviária, (2000)
8. Relatório sobre a segurança do tráfego rodoviário na Namíbia, (1995).
9. Revisão da estratégia de sobrecarga na Namíbia, (2008).
1 0.Saarela, K.L.: Promoção da Segurança na Indústria: Focus on information campaigns and participation programs, (1991).
11 Treat, J.R., Tumbas, N.S., Mc Donald, S.T., Shinar, D., Hume, R.D., Mayer, R.E., Stansufer, R.L., Castellan, N.J., (1976), Tri-level study of traffic accident: final report, (Institute for Research in Public Safety, Indiana University).
12 Van Elslande P. Classificar os "erros humanos" na sinistralidade rodoviária. Da experiência à inovação: Proceedings of the 13th Triennial Congress of the International Ergonomics Association, Tampere, Finlândia, (1997):6:460.
13 Financiamento da segurança rodoviária: The Roles of Government, NGO's and private sector: Documento apresentado na Conferência sobre Segurança Rodoviária em Acra, Gana, 19-20 de setembro (2000).
14 Wickelgren, W.A.: Psicologia cognitiva. Prentice - Hall, Inc. Engelwood Cliffs, N.J. (1979),436

Apêndices

Tabela 1.

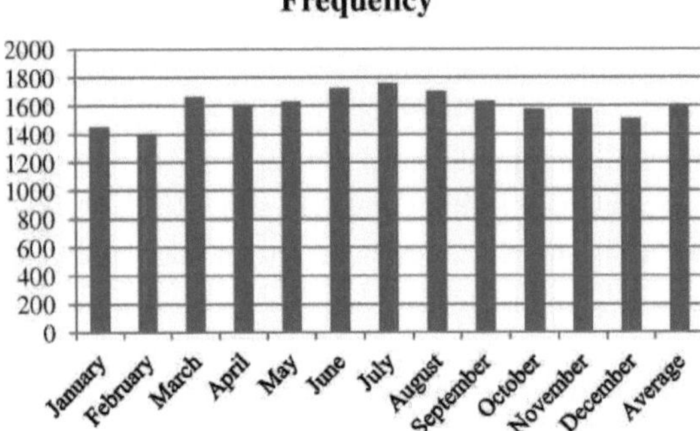

Figura 2. Distribuição mensal dos acidentes rodoviários, 2013

Months	Frequency
January	1451
February	1401
March	1665
April	1608
May	1630
June	1724
July	1755
August	1703
September	1632
October	1577
November	1585
December	1509
Average	1603

Tabela 2. Estradas principais na Namíbia e a respectiva taxa média de acidentes

	Number of crashes					
Road no	**2008**	**2009**	**2010**	**2011**	**2012**	**Average/yr**
T0107 (Okahandja-Otjiwarongo)	216	218	65	82	9	118
T0106 (Windhoek-Okahandja	215	229	62	58	24	117.6
M0092 (Ondangwa-Outapi)	163	299	844	622	207	427
T0701 (Okahandja-Karibib)	136	176	38	39	3	78.4
T0105 (Windhoek - Rehoboth)	129	144	3	0	0	55.2

A tabulação dos locais dos acidentes rodoviários continua a ser um desafio, uma vez que os locais e as coordenadas dos acidentes rodoviários não são devidamente registados pelos agentes da polícia. Os números acima referidos representam menos de cinco por cento dos acidentes. No entanto, o Sistema Nacional de

O Conselho de Segurança Rodoviária e a Autoridade Rodoviária estão a trabalhar num plano para melhorar o registo de dados e a análise dos locais de acidentes rodoviários.

Quadro 3. Danos na rede rodoviária sem controlo da sobrecarga

Road link		Estimated damage [N$(mill.)]
NO.	Origin – Destination	
B1	Noordoewer to Oshikango	44,790,318
B2	Okahandja to Walvis Bay	9 565 972
B3	Ariamsvlei to Grunau	1 734 480
B4	Keetmanshoop to Luderitz	1 980 965
B6	Windhoek to Buitepos	4 414 383
B8	Otavi to Katima Mulilo	6 582 702
C33	Karibib to Otjiwarongo	2 060 352
Total Estimated Damage		**71 133 170**

Quadro 4. Registos de colisão de acordo com a gravidade (2010-2015)

Year	**Number of collision**	**Fatalities**	**Injuries**
2010	2689	539	5125
2011	2902	492	5659
2012	3547	561	5652
2013	3484	633	5845
2014	4038	676	6918
2015	4238	705	7371
Total	20898	3606	36570

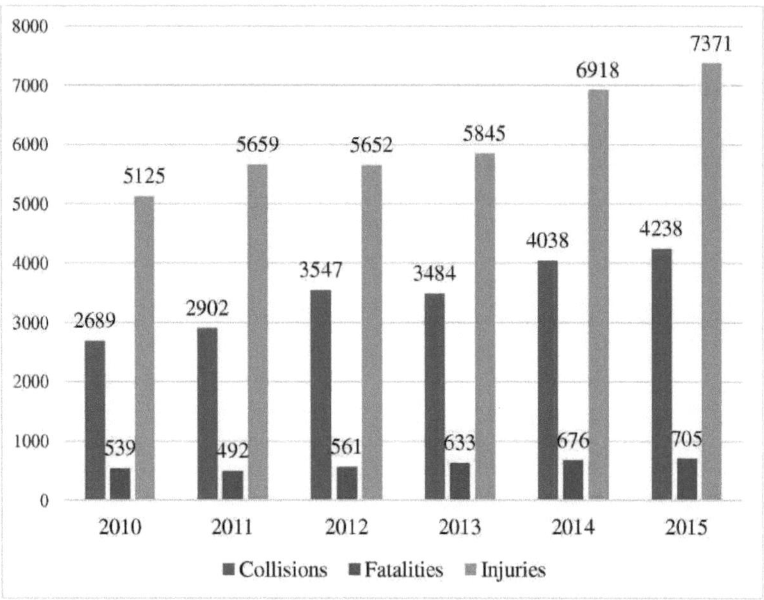

Figura 3. Registos de colisão de acordo com a gravidade (2010-2015)

Quadro 5. Despesas com reclamações de prestadores de serviços médicos

Years	**Expenses**
2012	N$ 80 758 090.11
2013	N$ 99 900 837.83
2014	N$ 134 693 097.87
2015	N$ 145 096 764.95

Os números aqui apresentados não têm significado ou podem parecer insignificantes quando comparados com estatísticas de outros países. É importante, no entanto, relacionar estes números com questões como a população humana e de veículos, o nível de desenvolvimento e a motorização, a fim de poder determinar a taxa a que a população e as economias de cada país estão a ser afectadas anualmente. No que respeita aos prestadores de serviços médicos, o estudo revela que foi recebido um total de 24 937 pedidos de indemnização, o que indica um aumento de 58% em relação a 2014. Com estas reclamações, foi processado um total de N$ 145096746.95 (Tabela 3), o que indica um aumento de 10% em relação aos N$ 134693097.87 reclamados durante o ano de 2014 (Fundo MVA, Relatório de Acidentes Rodoviários e Reclamações, 2014/5).

As estatísticas de colisão da Namíbia mostram o seguinte

Tabela 6. Mortes por 100 000 habitantes

2010	25.61
2011	23.28
2012	26.55
2013	29.96
2014	31.99
2015	33.36

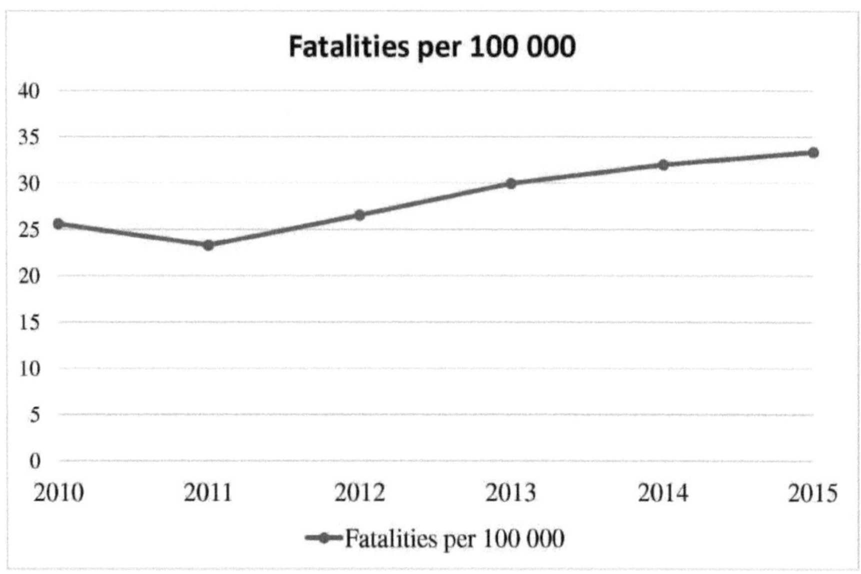

Figura. 4. Mortes por 100 000 habitantes

Quadro 7. Vítimas mortais por 10 000 veículos

2013	21.10
2014	20.68
2015	20.00

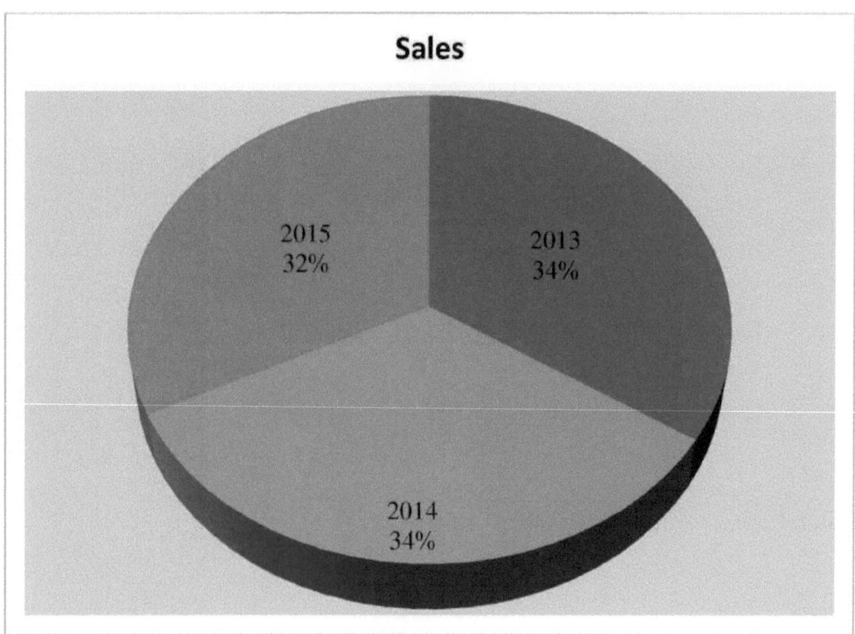

Figura. 5 Vítimas mortais por 10 000 veículos

Quadro 8. Lesões por 10 000 veículos

2013	194.80
2014	211.65
2015	208.33

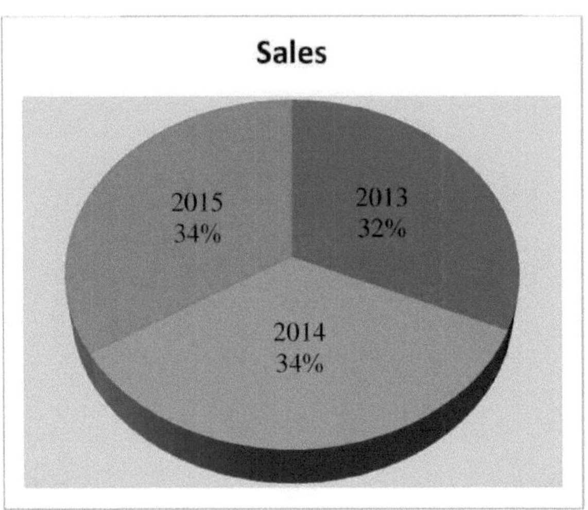

Figura 6. Lesões por 10 000 veículos

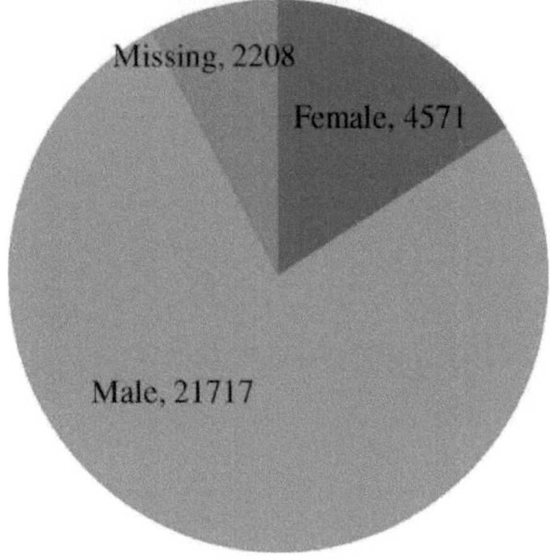

Figura 7 Distribuição por género em 2013

Printed by Books on Demand GmbH, Norderstedt / Germany